DES EFFETS

DE LA

RÉVISION DES PROCÈS CRIMINELS

PAR

E. GARÇON

PROFESSEUR A LA FACULTÉ DE DROIT DE PARIS

———

COURS PROFESSÉ EN DÉCEMBRE 1902

———

(EXTRAIT DU *JOURNAL DES PARQUETS*)

———

PARIS

LIBRAIRIE NOUVELLE DE DROIT ET DE JURISPRUDENCE

ARTHUR ROUSSEAU, ÉDITEUR

14, RUE SOUFFLOT ET RUE TOULLIER, 13

—

1903

DES EFFETS

DE LA

RÉVISION DES PROCÈS CRIMINELS

COURS PROFESSÉ

par M. E. Garçon, à la Faculté de droit de Paris,
décembre 1902 (1).

Messieurs,

Les questions relatives aux erreurs judiciaires ont toujours passionné l'opinion publique. Dans ces derniers temps, des lois nouvelles, des affaires retentissantes, des controverses imprévues ont attiré sur la révision des procès criminels l'attention générale. Tout dernièrement enfin, le procès Voisin a encore soulevé des difficultés sur des points nouveaux. Ce sont surtout ces difficultés que je voudrais examiner avec vous. Mon intention n'est pas en effet d'étudier toute la matière de la révision, telle qu'elle est établie dans nos Codes, par la loi du 8 juin 1895, complétée par celle du 1er mars 1899. L'histoire de la révision, quelque intéressante qu'elle soit, la détermination des cas dans lesquels elle est ouverte, les règles de procédure sont exposées dans les manuels que vous avez entre les

---

(1) Ce cours a été recueilli et rédigé par M. Frédéric Hubert, docteur en droit, avec la participation de MM. Maurice Bernard et Joseph Hémard, chargés de conférence à la Faculté de droit.

mains, et aussi dans quelques thèses, soutenues récemment devant la Faculté de Paris (1). Je laisse donc de côté ces différentes questions. On a au contraire beaucoup moins étudié les effets de la révision et c'est sur ce point qu'il s'est élevé des doutes dans l'affaire Voisin. C'est aussi sur lui que je concentrerai mes explications. Cette leçon a donc pour objet *les effets de la révision des procès criminels.*

Dans les sentences qu'il rend, le juge peut tomber dans deux sortes d'erreurs : l'erreur de droit et l'erreur de fait. La révision est la réparation de l'erreur de fait. Mais l'erreur de droit peut également être réparée. Et, en effet, aux termes de l'article 441 du Code d'instruction criminelle, le Ministre de la justice peut toujours donner au Procureur général près la Cour de cassation l'ordre de se pourvoir, dans l'intérêt public, contre tous les actes judiciaires, arrêts ou jugements qui sont entachés d'une erreur de droit. Ce pourvoi d'ordre du Garde des Sceaux n'est assujetti à aucune espèce de conditions, et la Cour de cassation a fini par décider, après une longue et curieuse évolution jurisprudentielle (2), que ce recours profitait à l'accusé sans pouvoir lui nuire jamais, et aussi, sans préjudicier

----

(1) Péan, Th. Paris, 1895 ; Le Bartre, Th. Paris, 1901, et surtout Sevestre, Th. Paris, 1899.

(2) Cette évolution peut se diviser en quatre phases distinctes (Cf. Faustin-Hélie, *Instr. crim.*, t. III, n° 1028, p. 638, et *Répert. gén. alph. du droit français*, V° *Cassation (Mat. crim.*), n° 1822) :

1° Jusqu'à l'arrêt du 15 juillet 1819, *Fabry*, la Cour de cassation n'appliquait l'article 441 qu'au cas d'incompétence ou de fausse application de la peine, et l'annulation profitait aux parties, sans pouvoir leur nuire ; — 2° à partir de l'arrêt du 15 juillet 1819 jusqu'à celui du 2 avril 1831, *Mazas et consorts*, l'annulation put être motivée par toute erreur de droit, et elle eut un effet absolu, soit dans l'intérêt des parties, soit même à leur préjudice ; — 3° de l'arrêt du 2 avril 1831 à celui du 25 mai 1835, *Cordier*, la Cour de cassation décida au contraire que l'annulation n'avait lieu que dans l'intérêt de la loi, et qu'elle demeurait étrangère au condamné ; — 4° Enfin, à dater de l'arrêt du 9 mai 1835, et surtout de ceux des 25 mars 1836, *Renaux*, et 19 avril 1839, *Verdon et consorts*, la Cour suprême, changeant une quatrième fois sa jurisprudence, arrêta que l'annulation pourrait profiter aux parties, sans pouvoir leur préjudicier. Elle est ainsi revenue à son point de départ, mais elle applique ce principe bien plus largement qu'avant 1819. Depuis lors, elle n'a point varié. — Cf. Cass., 22 août 1839, 18 mars 1842, 20 juin 1851, 27 novembre 1867, 23 août 1878 et 4 janvier 1895. — Voy. cependant Cass., 4 décembre 1879 et 15 juillet 1882 et note de M. Villey, S. 84. 1.249.

aux droits acquis aux tiers. D'ailleurs, il n'est pas à craindre, Messieurs, que l'autorité de la chose jugée ne se trouve inconsidérément ébranlée par l'exercice de ce pourvoi, car c'est le Ministre de la justice seul qui peut le mettre en mouvement. C'est là une garantie nécessaire, mais suffisante.

En pratique, on a assez fréquemment recours à cet article 441 du Code d'instruction criminelle. On s'en est servi notamment dans l'affaire Fabry en 1819. Fabry, quartier-maître du dépôt des conscrits réfractaires de Strasbourg, avait refusé de s'associer à des prévarications. Ceux qui avaient vainement tenté d'en faire leur complice, parvinrent à égarer sur lui les soupçons. Il fut poursuivi et condamné à 5 ans de fers. Mais son compte ayant été apuré plus tard, il apparut qu'il était en avance et non pas en *debet*. Dans l'impossibilité où l'on se trouvait en l'espèce de faire état de cette erreur de fait, quelque évidente qu'elle fût, on s'est attaché à découvrir une erreur de droit, et on a fini par en trouver une dans la procédure : le conseil de guerre avait statué avant l'apurement des comptes (1).

C'est qu'en effet, à cette époque, le recours en révision n'avait pas l'ampleur que lui ont donnée depuis les lois de 1867 et de 1895. La Révolution était partie de l'idée que le jury était infaillible. Le jury dit vrai (*verdict*). C'est là une idée d'origine anglaise. L'Assemblée Constituante l'avait adoptée. Dans son système, le verdict du jury était toujours définitif, au cas de condamnation aussi bien qu'au cas d'acquittement. Au contraire, quand l'affaire s'était terminée par un non-lieu, il y avait possibilité de la reprendre.

Si ces principes ont passé dans le Code d'instruction criminelle en ce qui touche le non-lieu et l'acquittement, il n'en a pas été de même en ce qui concerne la condamnation. Ainsi, aujourd'hui encore, l'affaire peut être reprise en cas de non-lieu : la chose jugée ne résiste pas ici au fait nouveau, aux charges nouvelles (art. 246, C. inst. crim.). Il en va différemment en cas d'acquittement (art. 360, C. inst. crim.). L'erreur judiciaire en faveur de l'accusé est irrémédiable. C'est là du reste une règle

(1) Garçon, *Code pénal annoté*, sous l'article 169, n° 76 et suiv.

fort contestable. Il faudrait au moins exiger certaines garanties. Il peut, en effet, se produire des scandales : on a vu des individus crier bien haut leur culpabilité après leur acquittement. Et il est profondément regrettable que la victime d'un crime ou ses parents soient exposés à se rencontrer avec l'auteur de ce crime, maintement assuré d'une complète impunité. Il en résulte un dommage social considérable (1).

Reste l'erreur judiciaire commise au préjudice de l'accusé. Sous la pression des nécessités pratiques, la Convention avait déjà été obligée de rétablir la révision dans nos lois. Le législateur de 1808 l'y a maintenue, mais en en limitant les cas d'ouverture avec une extrême réserve. Depuis lors, la sphère d'application s'en est toujours élargie, et c'est une idée bien connue que chaque nouveau cas de révision a été introduit dans la loi à la suite d'une nouvelle erreur judiciaire, flagrante et irréparable.

Aujourd'hui, aux termes de l'article 443, rédaction de 1895, la révision est admise dans quatre cas : 1° Lorsqu'après une condamnation pour homicide, on en retrouve la prétendue victime ; 2° lorsque deux arrêts ou jugements ont condamné deux individus pour le même fait, et que ces deux condamnations sont inconciliables ; 3° lorsque, postérieurement à la condamnation, l'un des témoins aura été convaincu de faux témoignage ; 4° lorsqu'après une condamnation, un fait viendra à à se produire ou à se révéler, ou lorsque des pièces inconnues lors des débats seront représentées, de nature à établir l'innocence du condamné. Ce dernier cas de révision est infiniment large et compréhensif. C'est lui que l'on désigne sous le nom de *fait nouveau*.

D'autre part, le droit de demander la révision appartient (art. 444, C. instr. crim.) dans les trois premiers cas au Ministre de la justice, au condamné ou à son représentant légal, et après sa mort, à son conjoint, à ses enfants, à ses parents, à ses légataires universels ou à titre universel, enfin à ceux *qui*

---

(1) Cf. Tarde, *Philosophie pénale*, p. 80. Aussi, plusieurs législations étrangères ont-elles, dans ce cas, permis la reprise d'instance.

en ont reçu de lui la mission expresse. Dans le quatrième cas, au Ministre de la justice seul.

Quant à la procédure, vous la connaissez. Comme celle de la requête civile, elle comprend deux phases distinctes : la première, toujours confiée à la Cour de cassation, a pour but d'examiner la recevabilité de l'affaire et d'annuler l'arrêt ou le jugement de condamnation (1). La seconde confiée tantôt à la Cour de cassation et tantôt à une Cour de renvoi, selon qu'il peut ou non être procédé à de nouveaux débats contradictoires contre toutes parties (art. 445, C. instr. crim.) consiste dans un nouvel examen de la cause, et dans la substitution d'une nouvelle sentence à l'ancienne. Je n'insiste pas sur tous ces points : ils vous sont connus. Vous remarquerez seulement que l'arrêt d'admissibilité de la révision est un arrêt de cassation. C'est lui, et non pas l'arrêt de la juridiction de renvoi, qui anéantit la première condamnation. Par conséquent, du jour de l'arrêt d'admissibilité, le condamné est déchargé de toute condamnation : il redevient un simple accusé et comparaît à nouveau, *integri statu*, devant la justice.

A la suite de cette procédure, et après un nouveau débat sur le fond, deux hypothèses peuvent se présenter : ou bien l'innocence du condamné est reconnue, ou bien cet individu est une seconde fois déclaré coupable. Mais à cette dernière hypothèse il convient d'assimiler celle où le recours en révision est rejeté par la Cour de cassation : dans les deux cas, la situation est, en fin de compte, la même, et il semble que tout aille de soi : celui qui a mal à propos introduit la demande en révision sera condamné aux dépens. En réalité cependant, la question est moins simple qu'il ne paraît de prime abord.

Elle n'est pas moins délicate dans la première hypothèse, c'est-à-dire si le demandeur en révision est parvenu à faire éclater son innocence. Car alors, il est établi que la justice a frappé un innocent, et il faut, autant que faire se peut, effacer

(1) Il y a donc en général deux arrêts successifs, statuant le premier sur la recevabilité en la forme et le second sur l'admissibilité de la révision. Art. 445 C. instr. crim. Ainsi dans l'affaire Dreyfus, il a été rendu deux arrêts successifs. — Voy. cep. Cass. civ., 8 août 1901. Dans cette dernière espèce, il n'a été rendu qu'un arrêt, l'affaire étant dès l'abord en état.

les conséquences de ce mal social qu'est une erreur judiciaire. J'examinerai donc successivement ces deux hypothèses :

1º L'innocence est reconnue ;

2º Le condamné est une seconde fois déclaré coupable.

**

Je suppose d'abord que l'innocence du condamné soit reconnue. Elle peut l'être d'ailleurs, soit par la Cour de cassation, se prononçant sur le fond sans renvoi, soit par la juridiction de renvoi. Les effets de la révision sont les mêmes dans les deux cas. Il est évident qu'il ne suffit pas de rendre pour l'avenir l'honneur et la liberté à cet homme injustement condamné, il faut encore effacer le passé dans la mesure du possible et accorder des réparations pécuniaires pour le préjudice causé. Le jugement ou l'arrêt de révision doit donc produire ce double effet : d'anéantir les condamnations antérieures et de réparer le préjudice.

Mais il convient de mettre en balance ces deux idées d'anéantissement du passé et de réparation pécuniaire du préjudice, afin de préciser plus nettement la sphère d'application de chacune. Ceci s'éclaircira par un rapprochement avec la réhabilitation et l'amnistie.

En ce qui concerne la réhabilitation, la loi de 1885 s'est formellement expliquée : la réhabilitation ne rétroagit pas dans le passé. Les condamnations et les incapacités qui en résultaient ne disparaissent que pour l'avenir, et cela se conçoit parfaitement, car la sentence a été juste. Il s'ensuit que la réhabilitation ne porte aucunement atteinte à l'action civile et aux droits irrévocablement acquis aux tiers (art. 634, C. inst. crim.). Pour l'amnistie, on a posé des principes différents : l'amnistie enlève au fait délictueux son caractère criminel. Elle produit donc un effet rétroactif. Mais il faut bien prendre garde qu'au fond ce n'est là qu'une fiction légale. Pour des raisons d'utilité et de politique sociale, la société et le législateur, qui est son interprète, veulent assurer l'oubli du passé. A cet effet, ils peuvent bien sans doute renoncer à leur droit de poursuite, mais il n'en est pas moins vrai que l'acte a été réellement commis.

Si donc l'on comprend alors l'abandon de la poursuite, l'anéantissement de la condamnation et même des restitutions, on ne saurait évidemment parler de réparation : il n'en est dû aucune. Au contraire, en matière d'erreur judiciaire suivie de révision, il n'y a jamais eu de fait délictueux imputable au condamné, et c'est seulement sur le fondement d'une apparence trompeuse que la condamnation a été prononcée. Ici, l'effet rétroactif, c'est-à-dire l'anéantissement du passé et le rétablissement du *statu quo ante*, se présentent à nous, non plus comme une fiction légale, mais comme la meilleure et la plus complète des réparations, celle qui de toutes est la plus adéquate au préjudice causé.

Vous sentez dès lors toute la différence : ce n'est pas avec la réhabilitation ni avec l'amnistie qu'il faut chercher des analogies, c'est avec la situation de l'absent de retour, ou mieux encore avec le *postliminium* romain. En d'autres termes, c'est l'anéantissement du passé que l'on doit poser en principe en matière de révision, et il y sera plus largement admis qu'en matière d'amnistie : il faudrait, pour bien faire, qu'il pût y être complet.

Seulement cette réparation en nature n'est pas toujours possible, et l'on est obligé d'admettre des limitations qui tiennent à deux causes. L'anéantissement du passé s'arrête forcément :

1° *En face du fait matériel accompli.* Rien au monde ne peut faire qu'une chose qui a été n'ait point existé. C'est ce que les Romains avaient remarqué en décidant que le *jus postliminii* ne s'appliquait qu'aux *res juris* et non pas aux *res facti*. Cette première limitation, qui tient à une impossibilité matérielle, se rencontre également en matière d'amnistie.

2° *En face des droits des tiers*, tels qu'ils résultent des principes généraux du droit. Mais c'est là une expression équivoque qui n'a pas partout la même portée. Je n'en saurais donner de meilleur exemple que la matière même que je vous expose. L'effet rétroactif de l'amnistie s'arrête pareillement devant les droits des tiers. Ces droits sont-ils les mêmes qu'au cas de révision ? Assurément non. En voici la raison. Dans l'hypothèse de l'amnistie, le fait délictueux a existé et a pu créer des droits au profit des tiers, tandis qu'au cas d'erreur judiciaire, ce qui a existé, ce n'est pas l'acte criminel, c'est l'erreur judiciaire et la condamnation qui en a été la conséquence. Ainsi donc, le fondement objectif des droits des tiers n'est pas le même dans les deux cas, et c'est ce qui explique que ces droits puissent être différents. Mais les principes généraux n'en demeurent pas moins identiques.

Sur le fondement de la condamnation erronée, et de la présomption de vérité qui s'attache à la chose jugée, des tiers ont pu agir. Des actes qu'ils ont passés, il est résulté des droits qui veulent être respectés : il y a là à la fois une nécessité de crédit et une exigence d'équité. Autrement la réparation en nature causerait de nouvelles injustices qu'il faudrait réparer à leur tour. Il est beaucoup plus simple de les éviter et de réparer la première par équivalent. Mais s'il est juste que les tiers ne soient pas appauvris par le fait de l'erreur judiciaire qui a été commise, ils n'ont aucun droit à y puiser une cause d'enrichissement, ni à conserver ce dont ils se seraient déjà enrichis à tort. Ces idées précisent la limite de leurs droits.

En résumé, la réparation en nature est la règle. Elle devra être assurée toutes les fois qu'elle sera matériellement possible, et possible sans qu'il en résulte de nouvelles injustices. Sinon elle sera remplacée par l'allocation de dommages et intérêts. Telle est la formule de principe. Je vais vous en montrer maintenant l'application aux diverses hypothèses.

a) Cette application ne présente pas de difficulté, en ce qui concerne les peines principales. Pourtant à cet égard, une observation est déjà nécessaire. D'ordinaire les auteurs se bornent à dire que la révision fait tomber la condamnation avec toutes ses conséquences. Mais si vous avez bien saisi les principes que je viens de poser, cela n'est absolument vrai que pour l'avenir. Ainsi, s'il s'agissait d'une peine privative de la liberté, le condamné sera remis en liberté ; d'une amende, le montant de cette amende lui sera restitué. Ce dernier point notamment a été formellement reconnu lors des travaux préparatoires de la loi de 1867. Mais le passé demeure : rien ne peut anéantir le fait matériel de la peine déjà subie, rien ne peut faire que ce condamné innocent ne soit allé en prison. Et si, par un malheur suprême, la justice humaine avait envoyé un innocent à l'échafaud, que pourraient alors ses impuissantes réparations ?

Pareille impossibilité se présentera parfois pour les peines accessoires, comme l'interdiction légale, la dégradation civique, la double incapacité de disposer ou de recevoir à titre gratuit par donation ou par testament, et même on peut dire, au point de vue juridique, que c'est avec ces peines accessoires que commencent les véritables difficultés, parce que, pour elles, la question se complique de la nécessité de respecter les droits des tiers.

Prenons d'abord l'interdiction légale. Du jour de l'arrêt de cassation, elle cesse en fait et en droit, parce que la peine principale cesse (art. 29, C. pén.), et que le condamné est replacé dans la position d'un simple prévenu. Mais quel va être le sort des actes passés par le tuteur pendant le temps qu'a duré l'interdiction ? L'idée d'anéantissement du passé conduirait à les annuler. C'est pourtant la solution inverse qui me semble devoir être préférée. Je remarque en effet, que l'interdiction légale est, au-moins en partie, fondée sur ce que le condamné, étant privé de sa liberté, ne peut en fait administrer sa fortune. L'incapacité de droit est ici la conséquence forcée de l'incapacité de fait et l'interdiction est attachée à l'exécution de la peine bien plutôt qu'à la condamnation elle-même. Or la révision ne peut faire que la peine n'ait pas été subie. Elle ne peut donc effacer rétroactivement l'interdiction légale. D'ailleurs il était indispensable, et pour les tiers et pour le condamné lui-même, que sa fortune fût administrée. Il fallait que l'on sût à qui s'adresser. Il y a donc, à maintenir les actes passés par le tuteur, une nécessité de crédit. Et il n'en peut résulter aucun préjudice pour l'ex-condamné, car les pouvoirs du tuteur se restreignent aux actes d'administration. Si cette administration a été mal gérée, la responsabilité du tuteur sera engagée.

Pour les mêmes raisons de crédit, et sans qu'il soit besoin de les redire, j'estime, au contraire, que les actes passés par l'interdit lui-même pendant la durée de l'interdiction seront nuls.

Mais je me hâte d'ajouter que la question est peu pratique. D'une part, en effet, les actes de disposition à cause de mort sont en dehors de la sphère d'application de l'interdiction légale, et d'autre part, cette interdiction ne durant que le temps d'exécution de la peine, il est peu probable que le condamné parvienne pendant ce temps à faire une donation entre vifs ou à passer un acte d'administration : il ne trouverait pas un notaire qui voulût recevoir la première, ni, pour le second, un tiers qui consentît à traiter avec lui.

Des règles analogues doivent être posées pour la dégradation civique. Comme l'interdiction légale, elle cesse incontestablement pour l'avenir du jour de l'arrêt de cassation. Mais on ne pourra pas toujours effacer le passé. Ainsi, dans le cas où l'ex-condamné occupait une fonction publique au moins inamovible, il y sera réintégré de plein droit. Personne ne semble en avoir douté pour un officier. Mais cette réintégration serait évidemment impossible s'il s'agissait d'une fonction dont le nombre des titulaires fût strictement limité, un siège de conseiller par exemple, et que l'ex-condamné eût été remplacé. Ainsi, bien que l'ex-condamné recouvre immédiatement ses droits politiques, encore faudra-t-il, s'il a été rayé des listes électorales, qu'il s'y fasse réinscrire. Ainsi enfin il reprendra sans doute ses décorations, mais il y a lieu de se demander s'il pourra le faire de sa propre autorité ou s'il lui faudra attendre d'y être réintégré. La question s'est posée pour l'amnistie, et la jurisprudence l'a résolue par des distinctions. Je crois que ces distinctions devraient être admises ici. Mais il est clair que cette difficulté offre peu d'intérêt en matière de révision : il est peu probable que l'intéressé reprenne ses décorations avant l'arrêt de cassation, et s'il l'avait fait après, et que son innocence eût été ensuite reconnue, il ne se trouverait personne pour le poursuivre.

Que décider enfin en ce qui concerne l'acte auquel l'ex-condamné aurait figuré en qualité de témoin ? J'observe d'abord que le sort de cet acte n'intéresse nullement la victime de l'erreur judiciaire : il n'intéresse que les tiers, et encore l'intérêt qu'ils peuvent avoir à demander cette nullité de forme sera

souvent de pure chicane. A quoi l'on peut répondre cependant
que précisément la capacité d'un témoin est, pour les intéressés,
une pure question de forme, et que la validité d'un acte quant
à la forme se doit apprécier au moment où l'acte est passé :
tempus regit actum. Autrement le maintien ou l'annulation des
actes dépendrait du moment où ils seraient attaqués, et c'est
ce dont ne peut s'accommoder la sécurité nécessaire aux tran-
sactions.

J'arrive maintenant à la double incapacité de disposer ou
de recevoir à titre gratuit par donation ou par testament. Elle
aussi disparaît assurément après l'arrêt de cassation. Mais dans
quelle mesure est-il possible ici d'effacer le passé ? La question
se pose : 1° pour le testament antérieur à la condamnation,
testament que déclare nul l'article 2 de la loi du 31 mai 1854,
bien qu'il ait été fait en temps de capacité ; 2° pour le testament ou la donation entre vifs qu'aurait pu faire l'ex-condamné
à partir de sa condamnation et jusqu'à l'arrêt de cassation ;
3° pour la donation entre vifs ou testamentaire qui lui aurait
été faite ou lui serait échue pendant le même laps de temps
et qu'en conséquence de son incapacité, il n'aura pu recueillir.
— J'ajoute de suite que la question est peu pratique pour les
donations entre vifs faites à l'ex-condamné ou par lui postérieurement à sa condamnation : aucun notaire n'accepterait de
passer un tel acte. Elle sera rare encore pour le legs fait à l'ex-
condamné pendant le même temps, bien qu'on puisse déjà
imaginer qu'une pareille disposition soit faite précisément en
vue de la révision. En tout cas, il est certain que la difficulté
peut s'élever dans les autres hypothèses, notamment pour les
testaments faits par l'ex-condamné, et pour ceux qui auraient
été faits à son profit avant sa condamnation, s'il se trouve en
outre que le testateur ne soit décédé que plus tard. Ce n'est
donc pas là seulement une question d'école.

D'ailleurs, au point de vue juridique, le problème se pose
toujours dans les mêmes termes, quelle que soit l'hypothèse
que l'on envisage. Du côté de l'ex-condamné, c'est toujours
une question de capacité. Mais il vient s'y joindre des difficultés
tenant aux droits des tiers, donataires, légataires ou héritiers

ab intestat appelés à recueillir les biens en litige à défaut du condamné, ou qui même les auraient déjà recueillis à sa place.

Dès lors, on peut hésiter entre deux solutions opposées. On peut dire d'une part, que du moment que l'ex-condamné a été incapable de disposer ou de recevoir à l'un des moments où la loi exigeait sa capacité, la donation ou le testament sont irrémédiablement viciés et que les tiers ont un droit irrévocablement acquis à invoquer cette nullité, soit pour réclamer la délivrance des biens, soit, à plus forte raison, pour les conserver. Cela ne présente au surplus aucun inconvénient, puisque la victime de l'erreur judiciaire pourra être indemnisée en argent du préjudice qu'elle aura subi. Et cette solution a même l'avantage d'éviter entre les parties des comptes et des restitutions, qui sont toujours une mine inépuisable de difficultés et de procès. Aussi ne serais-je pas surpris que ces raisons conduisent en pratique à faire préférer cette première doctrine.

Mais on pourrait soutenir d'autre part que la justice exige ici que l'incapacité disparaisse rétroactivement, pourvu que les droits des tiers soient respectés en ce qu'ils ont de légitime. Si une erreur judiciaire n'avait pas été commise, ces tiers n'auraient eu aucun droit aux biens qu'ils prétendent recueillir ou conserver, et il s'agit pour eux de biens acquis à titre purement gratuit. Ne pourrait-on pas songer dès lors à traiter ces tiers, héritiers ou légataires, comme des héritiers ou des propriétaires apparents ? On considérerait alors l'incapacité comme n'ayant jamais existé, et le condamné reprendrait ainsi des biens pour lesquels il peut avoir un intérêt d'affection. Mais on respecterait bien entendu les actes d'administration et même les actes de disposition à titre onéreux consentis à un acquéreur de bonne foi, et l'étendue des restitutions qu'on exigerait des tiers serait limitée à la mesure de leur enrichissement. Enfin ils pourraient se prévaloir de la prescription acquisitive. — Cette doctrine aurait l'avantage de valider le legs que le condamné aurait fait au profit de la personne à laquelle l'article 443 du Code d'instruction criminelle lui permet de confier la mission de poursuivre la révision de son procès, et aussi, dans l'hypothèse où ce condamné serait mort avant la révision, le testament fait en temps de capacité et annulé depuis conformément à l'article 3 de la loi de 1854.

Dans tous les cas, ce testament serait certainement valable, quel que soit le parti que l'on prenne dans cette controverse, si le condamné n'était mort qu'après la révision ; il aurait alors recouvré sa capacité au moment de son décès, en sorte que ce serait le lieu d'appliquer la règle traditionnelle : *Media tempora non nocent.*

Ces difficultés ne sont pas les seules. Aux termes de l'article 232 du Code civil, la condamnation de l'un des époux à une peine afflictive et infamante est pour l'autre époux une cause de divorce. Quelle solution admettre, si le conjoint de l'ex-condamné prétend se prévaloir de ce texte ? Il est évident tout d'abord que si le mariage n'est pas encore dissous au moment de la révision, il ne pourra plus l'être après. C'est la solution admise en matière de réhabilitation et d'amnistie, et à plus forte raison doit-elle être donnée ici. Car on ne peut pas dire que le conjoint ait un droit acquis à demander le divorce sur le fondement d'une condamnation reconnue erronée et d'ailleurs anéantie. Mais supposons que le divorce ait déjà été prononcé. Sans doute, l'ex-condamné obtiendra aisément qu'on lui remette ses enfants et qu'on le restitue dans ses droits de jouissance paternelle et d'usufruit légal. Mais pourra-t-il faire annuler son divorce et obliger son ex-conjoint à reprendre la vie commune ? Outre l'intérêt d'affection, il y gagnerait au moins qu'en cas de refus de celui-ci, ce serait lui qui obtiendrait le divorce à son profit. — Il paraît difficile de lui en reconnaître le droit, sauf peut-être quand son ex-conjoint n'est pas encore remarié (1). Dans tous les cas, il s'élèverait alors une

(1) Cette hypothèse du divorce peut conduire à des situations fort inattendues. On peut supposer d'abord, c'est le cas le plus simple, que l'ex-conjoint ne soit pas remarié. Si les deux parties sont d'accord pour reprendre la vie commune, le meilleur moyen sera pour elles de retourner devant le maire. Mais, si elles ne sont pas d'accord, l'ex-condamné pourra-t-il obliger son ex-conjoint à reprendre la vie commune ? C'est ici que se pose la question prévue au texte. Si on la résout par l'affirmative, et que l'ex-conjoint soit remarié, il semblerait logique de permettre à l'ex-condamné de poursuivre l'annulation du divorce et par suite celle du second mariage, sauf à appliquer les règles du mariage putatif. Et alors, la logique ne conduirait-

grosse difficulté de procédure en ce qui touche la voie qui devrait être employée pour parvenir à faire tomber le jugement de divorce. J'y reviendrai dans un instant.

Enfin la partie civile a pu obtenir des dommages-intérêts. Va-t-on maintenir cette condamnation malgré la révision ? On l'a soutenu, toujours sous le même prétexte qu'il y avait droit acquis au profit de la partie civile et chose jugée en sa faveur. On a ajouté de plus que, dans telle hypothèse, un individu, bien que déchargé de la condamnation criminelle, pouvait cependant avoir à payer des dommages-intérêts. C'est lorsque l'acte commis, quoique non criminel, constitue cependant un délit ou un quasi-délit civil. Exemple : un individu a été condamné comme assassin, tandis qu'il prétend n'avoir commis qu'un homicide par imprudence. Postérieurement à sa condamnation, on découvre la preuve certaine que l'homicide a été involontaire. Il y a assurément erreur judiciaire. Pourtant cela ne change rien à la réparation civile. Telle est l'hypothèse que l'on généralise dans cette opinion, à l'appui de laquelle on observe encore que, pour parvenir à ce que les dommages-intérêts fussent restitués, la loi belge a dû le dire expressément. C'est, dit-on, la preuve certaine que sans cela les principes eussent conduit à une solution opposée. — Malgré ces raisons, cette doctrine me semble injuste et erronée. En réalité, puisque l'ex-condamné est innocent, il ne devait rien à la partie civile. Il y a eu de sa part, sinon paiement de l'indû, puisqu'il n'a pas payé ces dommages-intérêts par erreur, ni surtout volontairement, au moins appauvrissement sans cause. Il devrait donc avoir une exception ou une action en répétition à l'encontre de la partie civile en vertu des principes de l'*in rem versio*.

Seulement nous retrouvons alors la même difficulté qu'en matière de divorce : la partie civile, comme le conjoint de l'ex-condamné, s'appuie sur un jugement rendu à son profit. Comment l'ex-condamné pourra-t-il attaquer et faire rapporter

elle pas aussi à dire que l'ex-conjoint de l'ex-condamné pourrait lui-même poursuivre l'annulation de son second mariage et du divorce, en vue de retourner avec son premier conjoint, même contre le gré de celui-ci ? Que décider enfin si le second mariage est déjà dissous par le divorce ou la mort de l'autre époux que l'ex-conjoint de l'ex-condamné ?

ce jugement ? Il ne peut évidemment employer la voie du recours en cassation, ni même celle de la requête civile, car cette
hypothèse ne rentre dans aucune de celles que prévoit l'article 480 du Code de procédure civile. C'est qu'en effet, il y a eu,
en l'espèce, jugement sans cause, ou plus exactement jugement rendu sur une cause reconnue depuis erronée. Eh bien !
tandis qu'un contrat passé dans ces conditions est nul de nullité absolue, il faut reconnaître que la loi ne donne aucune
voie de recours contre un tel jugement. Il n'existe pas, en matière civile, de recours en révision, et la requête civile, telle
qu'elle est actuellement organisée, n'y saurait toujours sup-
pléer. Il y a là une lacune dans la loi, et elle apparaît d'autant
mieux que si la partie civile a porté son action devant la juridiction répressive, et que les dommages-intérêts lui aient été
accordés par l'arrêt de condamnation, cet arrêt étant annulé
par l'arrêt de cassation, rien ne s'opposera plus à ce que la
victime de l'erreur judiciaire refuse le paiement ou agisse en
répétition. En sorte que la même question sera différemment
résolue selon que l'action civile aura été portée au civil ou au
criminel. Cette différence de traitement constitue une injustice
flagrante, qui est une raison de plus pour faire désirer une
réforme.

b) Je vous ai dit, Messieurs, que quand un individu avait été
injustement condamné, il ne suffisait pas de le décharger pour
l'avenir des condamnations qui avaient été prononcées contre
lui, mais qu'il fallait encore réparer le passé. Je viens de vous
montrer que la réparation en nature, l'anéantissement du
passé, n'est pas toujours possible. Dans ce cas et dans cette
mesure, on est obligé d'avoir recours à une réparation par équivalent. Cette réparation consiste d'abord et avant tout dans la
publication de l'innocence, et aussi dans l'allocation de dommages-intérêts, seule compensation possible du tort irrémédiablement causé et des souffrances endurées. On conçoit d'ailleurs
que ces dommages-intérêts puissent être demandés soit au dénonciateur de mauvaise foi et aux faux témoins, soit au vrai
coupable, soit même à l'Etat.

Le premier point est certain. L'ex-condamné a le droit de ré-

clamer des dommages-intérêts au dénonciateur de mauvaise foi
et aux faux témoins. Il pourrait même en demander au dénonciateur simplement téméraire, car, à défaut de dol, il y a faute
de sa part. Voici, à ce propos, une erreur judiciaire assez
curieuse. Une dame avait, par mégarde, laissé sa jaquette dans
une voiture de louage. Elle se mit de suite à la recherche de
son cocher et crut le reconnaître dans un autre cocher auquel
elle réclama sa jaquette. Puis, sur les dénégations de ce dernier, elle porta plainte contre lui et le fit condamner pour vol
à un mois de prison. Sa peine subie, le malheureux cocher alla
raconter son infortune au syndicat des cochers et l'on eut alors
l'idée d'aller au bureau des objets trouvés. La jaquette y était :
elle y avait été apportée le lendemain même du jour où elle
avait été perdue. L'erreur judiciaire était flagrante. Mais,
comme à cette époque la révision pour fait nouveau n'était
pas encore admise, on eut recours à un moyen détourné : on
poursuivit la plaignante pour faux témoignage, bien qu'en réalité elle n'en eût commis aucun ; de plus, et c'est ce qui m'im-
porte en ce moment, on la condamna à des dommages-intérêts
envers la victime de l'erreur judiciaire (1).

L'ex-condamné peut-il à son tour se porter partie civile
et réclamer des dommages-intérêts au vrai coupable ? Oui,
s'il y a eu, de la part de ce dernier, manœuvres frauduleuses
pour égarer la justice : car il a commis un dol. C'est ce qui est
arrivé dans l'affaire Perminjat, du 7 juillet 1847. Perminjat
avait assassiné sa sœur, puis, pour échapper au châtiment, il
était parvenu à faire poursuivre un sieur Gaudian, qui fut
du reste acquitté, mais qui n'en avait pas moins été soupçonné, et qui avait fait de la prison préventive. La Cour d'assises le reçut partie intervenante sur la poursuite intentée
contre Perminjat et lui alloua 5.000 francs de dommages-intérêts. La Cour de cassation rejeta le pourvoi introduit par
Perminjat. Mais l'arrêt relève avec soin que « c'est par les manœuvres dolosives et les machinations du vrai coupable que

_____

(1) Cass. crim., 1er décembre 1893, *Foulon*, Bull. crim. 1893, n° 334, et
Journal *Le Droit*, 1er juin 1893. Cf. Lailler et Vonoven, *Les Erreurs judiciaires*, p. 424.

Gaudian avait été exposé aux angoisses et aux périls d'un procès criminel (1) ».

Qu'en serait-il donc, si le vrai coupable était demeuré étranger à l'erreur judiciaire ? On peut dire à la vérité que si le crime n'avait pas été commis, un innocent n'eût pas été soupçonné, ni condamné. Les auteurs décident cependant que dans ce cas la demande en réparation de l'ex-condamné doit être repoussée, parce que le préjudice n'a pas été causé directement et personnellement par le vrai coupable. C'est l'erreur judiciaire elle-même qui est ici la cause du dommage. L'arrêt Perminjat semble pouvoir être invoqué en ce sens. On a cependant coutume de citer en sens contraire un arrêt qui a été rendu dans une affaire célèbre, l'affaire de Benoît le parricide. Un sieur Labauve avait été injustement poursuivi pour le crime commis par Benoît. Il fut acquitté, mais, comme il avait dénoncé d'autres personnes, il fut, de ce chef, condamné à 5 ans de prison pour dénonciation calomnieuse. Pendant qu'il purgeait sa peine, Benoît commit un second assassinat pour lequel il fut arrêté. Cela mit sur la trace de son premier crime, et il fut simultanément poursuivi pour les deux. Labauve prétendit alors se porter partie civile. On voulut lui en contester le droit, mais il avait confié sa cause à Mᵉ Chaix d'Est-Ange, qui prononça à cette occasion une plaidoirie demeurée célèbre dans les

(1) Cass. crim., 7 juillet 1847, *Perminjat.*
Sur le premier moyen, tiré de la violation des articles 3 et 63 du Code d'instruction criminelle, et de l'article 1382 du Code civil, en ce que le sieur Gaudian fils a été reçu partie civile et intervenante sur la poursuite criminelle dirigée contre le demandeur ;...
Attendu que l'arrêt incident rendu le 3 juin par la Cour d'assises sur cette intervention de Gaudian, et l'arrêt définitif du 8 du même mois, par lequel la même Cour a statué sur les dommages-intérêts de la partie civile, constatent que c'est par les manœuvres coupables et les machinations du demandeur en cassation que le dit Gaudian avait été exposé aux angoisses et aux périls du procès criminel qu'il a subi comme accusé du meurtre d'Adélaïde Perminjat, dont le frère de celle-ci, demandeur en cassation, a été accusé lui-même après l'acquittement de Gaudian ; qu'ils constatent également que les faits dommageables qui ont motivé sa condamnation à des indemnités, se rattachent directement au crime dont le demandeur a été déclaré coupable ; que cette appréciation des faits échappe à la censure de la Cour de cassation ; qu'ainsi, ladite Cour d'assises, loin de violer les articles précités du Code d'instruction criminelle et l'article 1382 du Code civil, en a fait une saine application.

annales du Palais. Sous l'impression poignante causée par l'éloquence de l'avocat, Benoît laissa échapper l'aveu de son crime. La Cour d'assises le condamna et admit l'intervention de Labauve. Le pourvoi fut rejeté par arrêt de la Cour de cassation du 19 juillet 1832, arrêt qui se borne à dire que la recevabilité de l'intervention est une question laissée à l'appréciation des juges du fait (1).

C'est cet arrêt que l'on cite ordinairement comme admettant l'intervention de l'ex-condamné, alors même que le vrai coupable est demeuré étranger à l'erreur judiciaire. Mais en lisant avec soin les débats de cette affaire, on remarque que Benoît avait été témoin au procès de Labauve, et que même il l'avait chargé. Cela permet de rattacher l'arrêt Benoît à la solution généralement admise : cet arrêt serait seulement mal motivé. Et de fait, quand le vrai coupable est resté étranger à l'erreur judiciaire, la Cour de cassation a toujours repoussé l'intervention de l'innocent, quelqu'intérêt qu'il y eût pour lui à faire éclater son innocence au grand jour de l'audience, soit afin d'obtenir ensuite sa révision, s'il a été condamné (2), soit même, s'il a été acquitté, afin de se laver des soupçons qui pèseraient encore sur lui dans l'opinion publique.

Ainsi donc, le vrai coupable ne doit des dommages-intérêts que s'il a cherché à égarer la justice. Mais il résulte de la jurisprudence que je viens d'analyser que, dans ce cas, la victime de l'erreur judiciaire peut porter sa demande devant la juridiction répressive, en intervenant au procès fait au vrai cou-

(1) Cass. crim., 19 juillet 1832, *Benoît*.
Sur le moyen du fond, tiré de la violation des articles 1 et 2 et de la fausse application des articles 63 et 67 du Code d'instruction criminelle, en ce que l'intervention du sieur Labauve avait été reçue en l'absence de tout droit de sa part :
Attendu que le Code d'instruction criminelle, en accordant, par son article 63, en suite des articles 1, 2 et 3 du même Code, la faculté de se constituer parties civiles à ceux qui se prétendent lésés par un crime ou par un délit, sauf les charges qui sont imposées par la loi, a par cela même laissé aux tribunaux saisis de l'action publique la faculté d'estimer s'il y a lieu d'admettre leur intervention ; — Attendu au surplus la régularité de la procédure, et qu'aux faits déclarés constants par le jury, il a été fait une juste application de la loi pénale ; — Rejette.
(2) Cass. crim., 18 juin 1863, *Troublé*, Bull. crim., 1863, no 166 ; S. 64.1.517, D. 64.1.396.

pable. Cette jurisprudence n'est pas à l'abri de toute critique, et en effet, les manœuvres frauduleuses par lesquelles le vrai coupable a réussi à détourner sur un autre le châtiment, constituent un délit civil distinct du crime lui-même et le plus souvent postérieur. L'action en dommages-intérêts qui compète à l'innocent n'est donc pas l'action civile dont peuvent connaître les tribunaux répressifs. Ici, leur compétence s'explique parce que c'est le *même fait* qui, étant à la fois crime et délit ou quasi-délit civil, donne naissance aux deux actions. Mais dans notre hypothèse, il y a *deux faits distincts*, alors même qu'ils sont concomitants. Ce sont donc les tribunaux civils qui devraient être seuls compétents pour le délit civil.

Mais le vrai coupable peut être insolvable ou ne pas être connu. Dans ce cas l'ex-condamné ne va-t-il pas pouvoir demander des dommages-intérêts à l'Etat ? L'Etat est-il responsable des erreurs judiciaires ? Oui, l'article 446 du Code d'instruction criminelle, rédaction de 1895, le dit expressément, et la seule difficulté qui puisse s'élever ici est de savoir à quel titre ces dommages et intérêts seront accordés. D'ailleurs, il n'en est ainsi que depuis 1895, et l'historique de cette question est des plus instructifs. Vous le trouverez partout. Aussi je me bornerai à vous dire que jadis nos anciens Parlements ont parfois accordé des réparations pécuniaires aux victimes des erreurs judiciaires et que les demandes de ce genre se sont multipliées au XVIIIe siècle. Successivement Lamoignon, Voltaire, Merlin, Dupin, Bonneville de Marsangy, Faustin-Hélie et beaucoup d'autres ont soutenu que l'Etat devait réparer les erreurs judiciaires. Cette idée fut reprise en 1867 par MM. Emile Ollivier, Jules Richard et Jules Favre, mais elle n'a abouti que dans ces dernières années.

La seule difficulté, je viens de vous le dire, est de savoir si ces dommages-intérêts sont un droit pour la partie, ou simplement un secours gracieux de l'Etat. L'une et l'autre opinion a été soutenue en théorie, et même consacrée en législation. C'est ainsi, par exemple, que le Code suédois a admis la seconde, tandis que, selon moi, le législateur de 1895 a suivi la première, après une longue et confuse discussion.

En faveur de ce dernier système, on pourrait d'abord dire que l'Etat a commis une faute, car il doit la justice, et il la doit infaillible. C'est à lui de poser des règles de procédure assez libérales et de choisir des magistrats assez éclairés pour écarter toute chance d'erreur. A défaut de quoi, il est responsable. Mais cette justification n'est pas sans réplique : l'admettre serait obliger la victime de l'erreur judiciaire à prouver l'existence d'une faute précise imputable à l'Etat, pour triompher dans sa demande en réparation. Or, bien souvent cette faute n'existe pas. C'est ainsi par exemple que ni les magistrats, ni même les règles de procédure ne sont en cause quand il y a eu faux témoignage. Puis, ce serait appliquer un principe de droit privé à une question de droit public, et il faut avouer que c'est une très forte objection contre la théorie du droit à l'indemnité. La justice est en effet un acte de souveraineté, et de tels actes n'engagent pas la responsabilité de l'Etat. On a bien essayé de répondre que ce principe avait des limites, notamment en matière d'expropriation, mais cette réponse elle-même n'est pas décisive. Enfin, il faut remarquer que si l'Etat était en faute au cas de condamnation injuste, il le serait pareillement quand un individu aurait été injustement soupçonné et mis en prison préventive. La prévention injuste est aussi une erreur judiciaire.

Aussi une seconde opinion soutient-elle qu'il n'y a là de la part de l'Etat qu'un devoir moral, un devoir d'assistance. Mais alors l'indemnité va se mesurer aux besoins de la victime et à sa fortune, au lieu d'être déterminée d'après le préjudice causé. Cette conséquence est assurément des plus critiquables.

Aussi bien et à la vérité, toute cette discussion est-elle surtout théorique. Sans doute, il n'est pas exact que la responsabilité de l'Etat soit fondée sur l'article 1382 du Code civil : chacun reconnaît que ce texte ne suffit pas, et, depuis le temps qu'il existe, on n'a jamais songé à l'invoquer en l'espèce. Dès lors toute la question est de savoir si le législateur *doit* toujours accorder des dommages-intérêts à la victime d'une erreur judiciaire, en sorte que celle-ci ait toujours *le droit* de les réclamer.

Eh bien, oui, je le crois. Je crois qu'il y a là un risque social que l'Etat a assumé en assumant la charge de rendre la justice. Si donc c'est un droit pour l'individu, c'est une obligation pour l'Etat. Et il faut avouer que ce qui a empêché jusqu'ici de reconnaître le droit à l'indemnité, c'est qu'une fois le principe admis, la logique eût conduit à accorder aussi des dommages-intérêts aux prévenus injustement soupçonnés, et que c'est là, en effet, une grosse objection pratique.

A lire le nouvel article 446, il semble bien que ce soit la théorie de l'assistance qui ait passé dans la loi. Il s'exprime ainsi : «L'arrêt ou le jugement de révision d'où résultera l'innocence d'un condamné *pourra*, sur sa demande, lui allouer des dommages-intérêts, à raison du préjudice que lui aura causé la condamnation. » A la vérité, on a plusieurs fois changé d'avis au cours de la discussion. La Chambre des députés avait admis le système du droit à l'indemnité. Le Conseil d'Etat, qui fut consulté sur ce point, se montra partisan de l'idée d'assistance. Et quant au Sénat, il n'est point aisé de savoir exactement quelle doctrine y a triomphé. Toutes les deux y ont été successivement défendues. J'estime cependant que c'est la théorie du droit à l'indemnité qui a fini par l'emporter, et cela malgré le mot « *pourra* » qui figure dans la loi, l'introduction de ce mot n'ayant eu pour but que de laisser aux tribunaux un certain pouvoir d'appréciation : « La réparation est un droit, a dit M. Bérenger, mais un droit dont l'exercice comporte une appréciation ».

J'aimerais d'ailleurs à voir les tribunaux se montrer assez larges et assez généreux dans la fixation de cette indemnité.

Enfin la victime de l'erreur judiciaire a droit à une réparation morale, qui consistera en une publicité légale et judiciaire : l'affichage de l'arrêt, et des insertions à l'*Officiel* d'abord, et si l'ex-condamné le requiert, dans cinq journaux, à son choix.

Reste une dernière question. Quel tribunal sera compétent pour accorder ces diverses réparations, indemnité, affichage et insertions ? Il semble qu'il ne puisse y avoir de doute à ce sujet, en présence de la rédaction très explicite de l'article 446 du Code d'instruction criminelle. C'est le tribunal ou la cour qui statue définitivement sur la révision.

La question s'est cependant posée précisément dans l'affaire Voisin. La raison de douter venait de ce qu'en l'espèce le tribunal compétent pour statuer sur la révision était le conseil de guerre. Or, aux termes de l'aricle 53 du Code de justice militaire, le conseil de guerre ne peut se prononcer sur les intérêts civils : aucune action civile ne peut être portée devant lui. Dans l'affaire Voisin, le conseil de guerre s'est appuyé sur ce texte pour décliner sa compétence. Pourtant, Messieurs, l'argument invoqué n'est pas décisif, et je crois au contraire que le conseil de guerre était compétent. Et en effet les articles 53-54 du Code de justice militaire ne visent que l'action civile *proprio sensu*, c'est-à-dire celle qui compète à la partie civile. Mais alors il y a un autre tribunal qui est compétent pour en connaître, le tribunal civil. Ici, rien de tel : la victime de l'erreur judiciaire ne saurait s'adresser ni aux tribunaux civils, ni aux cours d'appel, ni même aux tribunaux administratifs. D'ailleurs, les termes de l'article 446 du Code d'instruction criminelle sont absolument généraux, en sorte qu'on pourrait dire, si besoin était, qu'ils ont en cela dérogé aux articles 53 et 54 du Code de justice militaire. Une pareille règle porte en soi sa justification : le tribunal qui vient de prononcer la révision à la suite d'un examen approfondi de la cause est assurément le mieux à même d'apprécier l'existence et le montant du préjudice. Et puis, on a voulu avec raison que la victime de l'erreur judiciaire puisse en finir de suite, sans l'obliger à plaider à nouveau, outre qu'il serait peut-être assez délicat de dire contre qui un semblable procès devrait être intenté (1).

*
* *

J'aborde maintenant, Messieurs, la seconde hypothèse, celle où le condamné ne parvient pas à faire reconnaître son innocence. Cette hypothèse se subdivise elle-même en deux autres : il peut arriver ou bien que la Cour de cassation repousse la ré-

---

(1) Cf. Manau, dans *Gaz. Trib.*, 27, 28, 29 octobre 1902.

vision, ou bien que, l'ayant admise, le condamné soit à nouveau déclaré coupable pour le tribunal de renvoi.

Je suppose d'abord que la Cour de cassation rejette la révision : l'affaire n'était pas recevable en la forme (art. 444, C. inst. crim.), ou bien il n'a pas paru à la Cour suprême que l'on se trouvât dans l'un des cas d'ouverture que prévoit l'article 443 du Code d'instruction criminelle ; ou encore, dans les cas où il n'y a pas lieu à renvoi, la demande en révision lui a paru mal fondée (1). Il semble alors que tout aille de soi. L'ancienne peine continue, et celui qui a mal à propos introduit cette demande est condamné aux dépens.

Une difficulté peut cependant s'élever. Aux termes de l'article 444 du Code d'instruction criminelle, l'exécution de la peine est suspendue de plein droit à partir de la transmission de la demande à la Cour de cassation, si l'arrêt ou le jugement de condamnation n'a pas encore été exécuté. Si l'exécution de la peine a commencé, elle peut être suspendue, d'abord par ordre du Ministre jusqu'à l'arrêt qui statue sur la recevabilité et ensuite par ce dernier arrêt. Que décider alors si la révision est, en fin de compte, repoussée par la Cour de cassation ? Le temps de la suspension compte-t-il dans l'exécution de la peine ?

Il faut remarquer d'abord que la question ne peut se poser qu'autant que le condamné n'a pas été maintenu ou remis en liberté. Le temps de la liberté provisoire ne saurait évidemment pas être compté. En disant que la peine est suspendue, on entend donc simplement dire que le condamné a été maintenu ou remis en prison préventive, et, bien entendu, les peines accessoires, les diverses incapacités persistent. Ainsi par exemple, le condamné continue d'être légalement interdit. Que faudra-t-il donc décider, en supposant qu'ensuite la révision soit repoussée ? Il semble que la question soit simple depuis 1892. Qui dit suspension, dit que le temps pendant lequel la peine est suspendue ne compte pas. Mais d'autre part, depuis la loi de 1892, la durée de la prison préventive est, sauf déclaration contraire et expresse, imputée de plein droit sur l'exécution de la

(1) Dans ces cas en effet l'arrêt qui statue sur le fond n'est pas précédé d'un arrêt de cassation (art. 445, 4e al. C. inst. crim.).

peine (art. 24, C. pén.). — La difficulté est de concilier ces deux idées. J'incline à penser que le temps de la suspension comptera, et cela me paraît s'imposer surtout quand la condamnation n'a pas encore commencé d'être exécutée, car alors il est strictement vrai de dire que la prison préventive continue. Mais peut-être la Cour de cassation pourrait-elle déclarer, conformément à l'article 24 du Code pénal, que cette imputation du temps de la suspension n'aura pas lieu, ou n'aura lieu que pour partie.

Je suppose en second lieu que la Cour de cassation ait admis le pourvoi, et qu'elle ait renvoyé la connaissance du fond à une autre juridiction. La juridiction de renvoi reconnait alors et proclame à nouveau la culpabilité du demandeur en révision.

Une première difficulté s'élève : quel va être le sort des actes que le condamné aura pu passer pendant le laps de temps qui s'est écoulé de l'arrêt de cassation jusqu'à la décision de la juridiction de renvoi ? La loi n'a pas prévu cette difficulté. Mais, s'il est vrai que l'arrêt de cassation a eu pour effet de replacer le demandeur en révision dans la position d'un simple prévenu, il semble bien que les actes dont s'agit seront valables, puisqu'à dater de cet arrêt toutes les condamnations antérieures et les incapacités qui en résultaient ont disparu pour l'avenir. Cette solution ne paraît guère douteuse.

Sans insister davantage sur ce point, demandons-nous maintenant si la juridiction de renvoi, après avoir une seconde fois proclamé la culpabilité, doit prononcer une nouvelle peine ; et, dans l'affirmative, si cette nouvelle peine doit être subie.

La question s'est posée dans l'affaire Voisin. Fallait-il, en cas de culpabilité, condamner une seconde fois Voisin, et lui faire subir cette seconde peine, malgré la grâce dont il avait bénéficié ? Sur cette question, il s'est produit un incident d'audience. Le commissaire du gouvernement ayant dit que, quelle que soit la décision du conseil, la grâce de Voisin lui était acquise, le président l'interrompit pour déclarer que le conseil était d'avis contraire. Le commissaire du gouvernement refusa alors de continuer son réquisitoire et déposa des conclusions tendant à ce qu'il en fût référé au Ministre. Le conseil de guerre fit droit à ces réquisitions, et le Ministre répondit qu'il ferait exécuter la sentence. Je ne relèverai pas ce que cette procédure peut avoir d'irrégulier. Cette difficulté devait être résolue sans en référer, par le conseil de guerre lui-même. Il y avait là une question de droit, qui rentrait incontestablement dans sa compétence.Quoi qu'il en soit, Messieurs, Voisin ayant été ensuite acquitté, la question n'a pas eu de suite. Mais elle demeure entière au point de vue doctrinal, et elle doit être soigneusement examinée.

Quelle solution admettre en cas de nouvelle déclaration de culpabilité? Cette question demande à être généralisée. Et en effet, ce serait la compliquer inutilement que d'y mêler l'idée de grâce. Car la grâce n'est pas autre chose que l'équivalent de l'exécution de la peine. La preuve en est qu'elle laisse subsister toutes les incapacités, la dégradation civique, la double incapacité de disposer et de recevoir à titre gratuit. S'il en est ainsi, ne nous occupons donc plus de ce cas particulier de la grâce, et posant la question dans des termes plus généraux et plus exacts, demandons-nous ce qu'il en doit être, quand le condamné a déjà subi sa peine.

Eh bien, deux opinions sont alors en présence.

Dans l'affaire Voisin, le Ministre de la guerre a répondu, je viens de vous le dire, que si Voisin était une seconde fois condamné, il devrait subir la nouvelle peine. On a cherché des précédents pour étayer cette opinion, et on en a trouvé un : c'est un arrêt de la Cour de Metz du 25 août 1869 (Krantz, D. 70.2.28). Krantz, de nationalité belge, avait été l'objet d'un arrêté d'expulsion. Retrouvé à Nancy, et soupçonné d'y avoir commis un délit de coups et blessures, il se laissa aller à des violences contre l'autorité, et fut par surcroît incriminé de rébellion. Il était donc sous le coup d'une triple prévention : 1° infraction à un arrêté d'expulsion ; 2° rébellion ; 4° coups et blessures. Pour ces trois chefs, Krantz fut condamné par la Cour de Nancy à 13 mois de prison. Pendant qu'il subissait sa peine, son père parvint à retrouver les véritables auteurs des coups et blessures qu'on lui avait imputés. Ils furent condamnés et cette contrariété de jugements rendus sur le même fait permit la révision du procès. La Cour de cassation admit le pourvoi et renvoya toutes les parties devant le tribunal de Metz. Le tribunal reconnut l'innocence de Krantz en ce qui concernait les coups et blessures, et sa culpabilité touchant les deux autres chefs d'incrimination, et comme la peine avait déjà été subie, il décida qu'il n'y avait pas lieu d'en prononcer une autre. Mais le Procureur général estima sans doute qu'on ne pouvait tolérer que cet individu, qui avait déjà fait son temps de prison, n'eût pas à le recommencer, alors que son innocence était maintenant démontrée sur un point. Il fit appel *a minima* et la Cour de Metz lui donna raison. Elle jugea que la révision avait pour effet d'effacer tout le passé, de tout remettre en question. En annulant le premier jugement et tous les actes judiciaires qui font obstacle à la révision, la Cour de cassation en efface aussi les conséquences pénales. Son arrêt, qui saisit les juges du fait, leur donne par cela même le droit et le devoir de statuer à nouveau, sans qu'ils aient à se préoccuper de l'exécution de la peine ou de la grâce, qui sont l'une et l'autre anéanties, et dont les effets disparaissent devant la révision et la reprise des débats. Et, en effet, pour que l'on puisse arguer de la règle *non bis in idem*, il faut de toute nécessité un premier jugement. Or ce premier jugement est annulé par l'arrêt de révision. Donc il ne peut plus être pris en considération pour l'application de cette règle.

Malgré la rigueur apparente de cette argumentation, malgré sa logique juridique, je ne la crois point exacte. Son injustice me met immédiatement en défiance contre elle, et me la fait écarter. Ainsi qu'avait coutume de le dire un de mes maîtres, un peu de science éloigne du bon sens, mais plus de science y ramène. Et l'on peut dire *à priori* qu'une solution qui choque à ce point l'équité ne saurait être admise. La vérité, Messieurs, c'est que la loi est muette sur la question que j'examine. Nous devons donc la résoudre d'après les principes généraux. En déclarant que l'arrêt d'admissibilité de la révision annule les jugements et arrêts qui font obstacle à la révision, le législateur n'a fait état que de l'hypothèse où le condamné serait ensuite innocenté. Et de fait, avant 1895, il en était toujours ainsi. Mais depuis l'introduction de la révision pour fait nouveau, il est arrivé et il arrivera parfois le contraire, d'autant mieux que la Cour de cassation donne de la notion de fait nouveau une interprétation très large et très compréhensive. Toute circonstance postérieure à la condamnation et qui fait naître un doute sur le bien fondé de celle-ci, est maintenant considérée par elle comme un fait nouveau. Dans ces conditions, il est possible qu'une seconde condamnation intervienne. Eh bien, je le répète, le législateur de 1895 n'a point songé à cette hypothèse : il faut donc la résoudre d'après les principes généraux. Or, l'opinion que je repousse est contraire à deux règles fondamentales du droit criminel, et elle conduit en outre à des conséquences absurdes.

Elle est contraire d'abord à la règle *non bis in idem*. Sans doute deux principes sont ici en conflit. D'une part, il est certain que le premier arrêt ou jugement est annulé, mais, d'autre part, il n'est pas moins constant qu'on ne peut subir deux peines pour le même délit, et que le fait matériel d'avoir subi sa peine ne saurait être effacé par la révision à la faveur d'une fiction légale quelconque. A la vérité, la règle *non bis in idem* n'est écrite nulle part dans le Code. Cela a paru aller de soi, car c'est une de ces règles d'éternelle raison qu'il n'est pas besoin de mettre en articles de loi. Du reste, l'article 360 du Code d'instruction criminelle la suppose et en fait une application particulière au cas d'acquittement. Le principe qui a inspiré cette solution doit être généralisé. Personne n'oserait soutenir le contraire.

Si donc il est vrai que le premier arrêt ou jugement soit annulé parce qu'il faisait obstacle à la révision, il n'en continue pas moins de produire effet en ce qui concerne l'application de la règle *non bis in idem*. D'ailleurs un jugement peut, même sans sortir tous les effets qu'il comporte normalement, avoir cependant dans une certaine mesure force de chose jugée, et notamment au point de vue qui nous occupe. C'est ainsi par exemple que les jugements étrangers, qui pourtant en principe ne produisent pas d'effet en France, empêchent une seconde condamnation d'y être prononcée pour un fait déjà puni à l'étranger (art. 5, C. inst. crim.). Et ici on n'a pas songé à dire que le premier jugement n'ayant pas autorité de chose jugée en France, ne comptait pas pour l'application de la règle *non bis in idem.*

J'ajouterai, à ce premier argument, qu'il est de principe qu'un condamné ne peut aggraver sa situation en exerçant une voie de recours ouverte à son profit. En d'autres termes, une voie de recours établie en sa faveur ne peut se retourner contre lui. Cette règle, elle non plus, n'est pas écrite dans la loi. Mais elle a été admise par l'avis du Conseil d'Etat du 12 novembre 1806, et depuis lors, elle a été très largement entendue. La jurisprudence l'applique à l'appel et au pourvoi en cassation formés par le condamné seul, et même au pourvoi introduit dans l'intérêt général, d'ordre du Garde des Sceaux (art. 441, C. inst. crim.). Après une évolution jurisprudentielle à laquelle je faisais allusion tout à l'heure, la Cour de cassation a fini par admettre que ce dernier pourvoi profitait au condamné sans lui nuire jamais. Eh bien, cette évolution doit être logiquement étendue à la révision ; elle profitera au condamné s'il parvient à établir son innocence, mais du moins, s'il n'y réussit pas, ne doit-elle point empirer sa situation.

La doctrine contraire se réfute enfin d'elle-même, par l'absurde. C'est d'après ses conséquences en effet que se vérifie et se juge un principe. Or supposez qu'un individu ait été condamné à 8 ans de travaux forcés et qu'il ait purgé sa condamnation. Il demande ensuite sa révision avant l'expiration du délai de prescription de l'action publique. Si la Cour de cassation rejette sa demande, assurément on ne lui fera pas recommencer sa peine. Et alors il faudrait dire que si, mieux disposée en sa faveur, et plus encline à croire à son innocence, elle a admis la révision, il serait exposé à subir une seconde peine pour le même fait ! C'est complètement inadmissible. Il y aurait là comme une peine du plaideur téméraire, mais la peine du plaideur téméraire, même en cassation, c'est 150 fr., ce n'est pas 8 ans de travaux forcés !

Voilà donc un premier point acquis. La révision n'efface pas ne peut pas effacer le fait matériel de l'exécution de la peine. Si cette peine a été subie, il doit nécessairement en être tenu compte.

Mais ce n'est pas tout. Que doit faire exactement le tribunal de renvoi, quand il reconnaît à nouveau la culpabilité? Doit-il s'en tenir là, ou bien, au contraire, faut-il qu'il prononce une nouvelle condamnation? Dernièrement un éminent magistrat, dans de remarquables articles auxquels j'ai eu fréquemment recours, a soutenu qu'on ne devait prononcer aucune peine (1). Qu'il me permette de le contredire sur ce point. Il faut qu'une condamnation intervienne, parce que autant que possible, quand la culpabilité est reconnue, une peine doit être prononcée. Ce n'est pas d'ailleurs, comme on l'a dit au conseil de guerre du Mans, *un débat creux*. Cela est nécessaire, cela est indispensable, du moment que l'arrêt de cassation a annulé la première condamnation. Cet arrêt de cassation doit être transcrit au greffe, en marge du premier jugement ou arrêt. De ce dernier, il ne reste dès lors rien en droit pour l'avenir ; il n'en reste qu'un fait pour le passé, en sorte que l'accusé comparaît à nouveau, *integri statu*, devant la juridiction de renvoi. Par suite, avec la première condamnation, toutes les déchéances qui l'accompagnaient ont également disparu. — Supposons alors qu'on ne prononce pas une nouvelle peine : les déchéances et les incapacités qui étaient méritées, puisque l'individu est coupable, ne seraient pas maintenues ou du moins rétablies. Ce résultat est assurément injustifiable.

En voici quelques exemples. Un individu a été condamné à 5 ans de réclusion. Comme conséquence, il a encouru aussi l'interdiction légale et la dégradation civique ; et cette dernière, qui est perpétuelle, persiste après l'exécution de la peine principale. Précisément après avoir subi celle-ci, le condamné demande et obtient la révision de son procès. Si la juridiction de renvoi le déclare coupable sans prononcer de nouvelle peine, la dégradation civique, qui a disparu par l'arrêt de cassation, ne serait pas rétablie. En sorte que cet individu, qui est cou-

(1) M. Manau. Voy. *Gaz. Trib.*, 27, 28, 29 octobre 1902.

pable et a été jugé tel, pourrait par exemple se faire réinscrire sur les listes électorales et même solliciter un mandat représentatif.

Supposons encore une condamnation à 5 ans de prison pour faux. Le condamné obtient ensuite sa révision et est une seconde fois déclaré coupable. Mais aucune peine n'est alors prononcée. Puis, plus tard, il commet un second faux. Doit-on tenir compte du premier délit pour la récidive ? Mais la première condamnation n'existe plus en droit, et aucune autre ne l'a remplacée.

Il faut donc, de toute nécessité, qu'une seconde condamnation intervienne, qu'une seconde peine soit prononcée. Seulement rien n'oblige à ce qu'elle soit subie. En réalité, ici encore, nous nous trouvons en présence d'un point qui n'a pas été prévu, ni réglé par la loi. Il faut encore faire appel aux principes généraux. Or, il s'agit ici simplement d'une question de cumul des peines et, en cette matière, il est de principe que l'épuisement de la pénalité n'empêche pas que l'action publique ne doive être exercée, et qu'une condamnation nouvelle ne doive être prononcée. Seulement, en vertu de la règle du non-cumul des peines (art. 365, C. instr. crim.), la nouvelle peine ne sera pas subie. Elle doit être prononcée, mais l'exécution s'en confondra avec celle de la première ; et cette confusion s'opèrera de plein droit, même si la seconde juridiction ne l'a point formellement déclaré. Un individu a par exemple, successivement commis plusieurs vols simples, on poursuit d'abord le dernier, pour lequel on prononce 5 ans de prison, c'est-à-dire le maximum. On découvre ensuite les autres. Eh bien, on peut et l'on doit les poursuivre, et le tribunal doit prononcer une seconde condamnation. Seulement, il doit aussi ordonner que l'exécution s'en confondra avec celle de la première. Mais il est nécessaire qu'une seconde condamnation intervienne, autrement, s'il s'agissait de deux délits d'espèces différentes, d'un vol et d'un outrage public à la pudeur par exemple, la première condamnation prononcée pour vol ne compterait pas pour la récidive de l'outrage public à la pudeur, récidive qui, en ce cas, est spéciale.

Sur ce point, on a invoqué le précédent de l'affaire Abadie (1). Abadie qui faisait partie d'une bande de malfaiteurs,
fut condamné à mort pour assassinat, puis gracié. Postérieurement à sa grâce, il se reconnut coupable du crime pour lequel il avait été condamné, et avoua en même temps d'autres
crimes. De nouvelles poursuites furent alors intentées contre
lui. Il soutint, pour sa défense, que l'action publique était
épuisée. La Cour de cassation décida que l'épuisement de la
pénalité ne mettait point obstacle à l'exercice d'une nouvelle
action publique basée sur les autres crimes. Mais la Cour d'assises, à laquelle Abadie fut déféré, jugea qu'aucune peine ne
pouvait être prononcée contre lui. De ces diverses solutions,
l'une me paraît incontestablement juste : la grâce étant l'équivalent de l'exécution de la peine, Abadie ne pouvait subir une
nouvelle peine. Mais celle-ci n'en devait pas moins être *prononcée*, sauf à se confondre avec la première. Et en effet, si
Abadie avait fait juger qu'il y avait eu erreur judiciaire en ce
qui concernait le premier assassinat, aucune peine n'aurait été
prononcée pour les autres dont cependant il s'était reconnu
coupable, et il eût cessé d'être civiquement dégradé. A ce
dernier point de vue, la Cour d'assises a mal interprété l'arrêt
de la Cour de cassation. Celle-ci avait dit seulement que l'action publique n'était pas éteinte, et non pas qu'une seconde
condamnation ne devait pas être prononcée. A la vérité, la
formule qu'elle avait employée pouvait prêter à l'équivoque,
et donner à penser qu'elle hésitait entre les deux doctrines.
Et de fait, son arrêt était ainsi conçu : « Attendu que cet article
(365, C. instr. crim.) ne peut avoir pour conséquence d'ôter à
un fait son caractère de crime ou de délit, mais seulement de
faire obstacle à l'application d'une peine nouvelle, *ou plutôt
de faire déclarer qu'elle se confondra avec celle déjà appli-
quée* » (2). En ne prononçant aucune peine, la Cour d'assises
s'est conformée à la première de ces deux propositions, sans
remarquer que la Cour de cassation s'était elle-même corrigée,

(1) Cass., 29 juillet 1880, S. 81.1.233.
(2) V. encore : Cass., 18 juin 1841, *Lafarge*, S. 41.1.883 ; Cass., 3 juin
1867, *Imbert*, S. 67.1.461, et Cass., 13 février 1880, *Morel*, S. 81.1.233.

et que, bien évidemment, c'était la seconde proposition qui, dès cette époque, exprimait seule exactement le fond de sa pensée. S'il pouvait du reste subsister quelque doute sur ce point, ce doute serait aujourd'hui définitivement levé par un tout récent arrêt du 28 février 1902 (*Marie, dit Guillot*) (1), qui porte que la disposition de l'article 365 du Code d'instruction criminelle « ne peut faire obstacle à ce qu'un crime antérieur à une précédente condamnation, même lorsqu'il ne pourrait être atteint que d'une peine égale ou inférieure, ne puisse être l'objet d'une poursuite *et d'une condamnation* ; que cet article ne peut avoir pour effet et pour conséquence d'ôter à ce fait son caractère de crime ou de délit, mais seulement de faire déclarer que la peine nouvelle se confondra avec celle déjà prononcée ; que l'interprétation donnée à l'article 365 par l'arrêt attaqué tend à confondre le principe même en vertu duquel *une condamnation est prononcée*, avec *l'exécution de cette condamnation* : que la Cour d'assises devait donc *appliquer une peine* au fait déclaré constant par le jury, sauf toutefois la confusion de cette peine avec la peine précédente ».

Il est impossible d'être plus clair et plus catégorique, et ce sont précisément ces mêmes principes qui, à mon avis, doivent être appliqués en notre matière de la révision, parce qu'il s'y agit aussi d'une question de non-cumul des peines (2).

Il me reste à vous indiquer les principales conséquences de cette doctrine :

1° Puisque d'abord, un condamné qui a déjà subi sa peine doit être condamné à nouveau, sauf que la seconde peine doit être confondue avec la première, il s'ensuit qu'il y a là une question de droit, que le tribunal de renvoi doit examiner et résoudre. Le conseil de guerre du Mans n'avait donc pas à en référer au Ministre. C'était à lui, et à lui seul qu'il appartenait de statuer.

(1) *Bull. crim.*, 1902, n° 87.

(2) Postérieurement à la date où ce cours a été fait, j'ai eu connaissance que cette opinion avait été également soutenue par *Judex*, dans *Rev. pénit.*, 1902, p. 1185 : je suis heureux de me rencontrer avec lui. Il estime cependant qu'une grâce nouvelle serait nécessaire pour la portion de peine qui n'aurait point été subie. C'est à quoi je ne puis souscrire. Voy. au texte la seconde conséquence.

2° La question se poserait dans des termes identiques et la solution en serait la même, au cas où le condamné aurait été gracié, puisque la grâce n'est pas autre chose que l'équivalent de l'exécution de la peine.

3° Si la première peine n'a été subie qu'en partie au moment où la révision intervient, et qu'il n'y ait point eu de grâce, les deux peines devront encore se confondre : le condamné ne devra subir désormais que le reste du temps à courir, déduction faite de la partie déjà subie de la première peine. C'est la solution qui a fini par prévaloir en matière de non-cumul.

Mais il peut s'élever, pour la révision comme du reste pour le non-cumul ordinaire, une difficulté spéciale et plus grave au cas où la seconde peine n'est pas de même nature que la première. La question s'est posée dans l'affaire Dreyfus. Dreyfus, d'abord condamné à la déportation dans une enceinte fortifiée, ne fut condamné à Rennes qu'à dix ans de détention. On a admis sans difficulté qu'il y avait lieu de déduire de ces dix ans de détention les cinq ans qu'il avait passés à l'île du Diable (Cf. l'art. 1er du décret de grâce du 19 sept. 1899, et le rapport de M. le Ministre de la Guerre, qui précède ce décret) (1). Mais on s'était même demandé s'il n'était pas possible d'assimiler la déportation dans une enceinte fortifiée à l'emprisonnement cellulaire, dont le temps compte double pour l'exécution de la peine, auquel cas, les cinq ans passés à l'île du

---

(1) **Extrait du rapport du Ministre de la Guerre, M. de Gallifet, au Président Loubet :**

« Si l'on déduit des 10 années de détention, les 5 années qu'il a accomplies à l'île du Diable, — et il ne peut en être autrement, — Dreyfus aura subi 5 années de déportation, et il devra subir 5 années de détention. On s'est demandé s'il n'était pas possible d'assimiler la déportation à la réclusion dans une prison cellulaire, et, dans ce cas, il aurait presque complètement purgé sa condamnation. La législation ne semble pas le permettre ; il suit de là que Dreyfus devrait accomplir une peine supérieure à celle à laquelle il a été effectivement condamné ».

. . . .

Le Président de la République Française,
Sur le rapport du Ministre de la Guerre,
Vu la loi du 25 février 1875 ;
Vu l'avis de M. le Garde des Sceaux, Ministre de la Justice,
Décrète :
ART. 1er. — Il est accordé à Dreyfus (Alfred), remise du *reste* de la peine de 10 ans de détention prononcée contre lui par arrêt du conseil de

Diable eussent purgé les dix ans de détention (1). Il est impossible d'admettre que la législation actuelle puisse antoriser une pareille interprétation, puisqu'aux termes de la loi du 25 mars 1873, les condamnés à la déportation jouissent de toute la liberté compatible avec la nécessité d'assurer leur garde. Mais en tout cas il n'est venu à l'esprit de personne de prétendre qu'une seconde peine ne devait pas être prononcée, ni que de cette seconde peine il ne fallait pas déduire le temps d'exécution de la première.

4° J'ai supposé jusqu'ici qu'un individu, reconnu coupable par la juridiction de renvoi, était condamné à la même peine que celle qu'il avait précédemment encourue, ou à une peine moindre. Mais pourrait-il être condamné à une peine plus forte ? Je ne le pense pas. En effet, je l'ai déjà dit, les voies de recours introduites en faveur du condamné ne doivent pas se retourner contre lui : l'exercice d'un recours ouvert à son profit ne doit jamais empirer sa situation. Telle est du moins mon opinion. Je reconnais pourtant que ce principe n'est pas aussi absolu qu'il semblerait tout d'abord. Il s'applique, vous le savez, en ce qui concerne l'appel et le pourvoi en cassation formés par le condamné lui-même, et aussi, aujourd'hui tout au moins, au pourvoi en cassation introduit, d'ordre du Garde des Sceaux, dans l'intérêt de la loi. Mais à l'inverse, l'appel formé par le Ministère public a pour effet de tout remettre en question, et de même la nouvelle juridiction, tribunal ou Cour d'assises, saisie à la suite d'un pourvoi en cassation introduit par le Ministère public, peut, si la cassation a porté sur la peine, prononcer une peine plus forte que la première. Malgré cet argument, je persiste dans mon opinion, parce que j'es-

guerre de Rennes, en date du 9 septembre 1899, ainsi que de la dégradation militaire.

ART. 2. — Le Ministre de la guerre est chargé de l'exécution du présent décret.

Paris, 19 septembre 1899.

Signé : E. LOUBET.

Le Ministre de la Guerre,
    Général DE GALLIFET,

(1) Voyez la note précédente.

time que la révision est une matière spéciale qui forme un tout indivisible.

5° Dans l'article auquel je faisais allusion tout à l'heure (1), M. le Procureur général Manau a dit que du moment que la peine avait été subie, ou que le condamné avait bénéficié d'une décision de grâce, la Cour de cassation devait casser sans renvoi. Telle semble être aussi l'opinion de M. Ballot-Beaupré, dans son rapport sur l'affaire Dreyfus (2). A mon sens, c'est là une erreur, et si la Cour suprême l'a d'abord commise (3), elle n'a pas tardé à rectifier sa jurisprudence sur ce point (4).

Pour soutenir sa thèse, M. Manau argue d'abord de ce que, n'y ayant pas de peine à prononcer, le débat est creux, comme a dit M. le commissaire du gouvernement au conseil de guerre du Mans. Il en conclut qu'il n'y a pas lieu à renvoi. C'est, ajoute-t-il, ce que l'article 445 du Code d'instruction criminelle décide lui-même formellement au cas de décès, de contumace ou de prescription. Mais je crois avoir démontré au contraire que, dans notre cas, une peine devait être prononcée. Il n'est donc pas exact de dire que le débat soit creux, et ce premier argument tombe ainsi de lui-même.

D'ailleurs, c'est le vœu même de la loi qu'il y ait renvoi toutes les fois que cela n'est pas matériellement impossible. Sans doute, il en est autrement au cas de prescription de l'action par exemple. Mais c'est alors parce qu'aucune poursuite ne peut plus être intentée. Ici à l'inverse la poursuite est possible et obligatoire, puisque, par hypothèse, l'action publique n'est pas éteinte. On pourrait sans doute désirer que la Cour de cassation fût toujours appelée à se prononcer sur le fond même de la révision, sans renvoi. Mais enfin l'opinion contraire est également défendable, et surtout il est certain que la première doctrine n'est pas celle qu'a consacrée le législateur de 1895. En l'état actuel de la législation, cela doit évidemment suffire

(1) *Gaz. Trib.*, 27, 28, 29 octobre 1902.
(2) S. 1900. 1. 301, col. 3.
(3) Cass., 14 mai 1875, D. 75.1.187.
(4) Cass., 6 mai 1881, D. 81.1.399 ; Cass., 19 mai 1893, D. 95.1.405 Cass., 26 avril 1902, *Voisin*, Bull. crim., 1902, n° 162.

pour la faire écarter. Telle est aussi, je viens de le dire, la jurisprudence la plus récente de la Cour de cassation.

Enfin, il faut prendre garde, Messieurs, qu'avec le système que préconise M. Manau et que je combats, le gouvernement aurait la possibilité de donner ou non compétence à la Cour de cassation, en accordant ou en refusant la grâce au cours de la révision. On n'a pas oublié ce qui s'est passé naguère. On a vu des procès en révision causer chez nous quelque émotion et jeter quelque trouble dans l'opinion publique. Il serait assurément déplorable que le pouvoir pût intervenir dans des affaires de ce genre, s'il venait à s'en produire de nouvelles, pour changer, au cours du procès, les juges légaux de l'accusé. Il serait même regrettable que l'on pût donner à une pareille idée l'apparence d'un prétexte de germer dans de certains esprits.

Imp. J. Thevenot, Saint-Dizier (Haute-Marne).

DES EFFETS

DE LA

RÉVISION DES PROCÈS CRIMINELS

DES EFFETS

DE LA

RÉVISION DES PROCÈS CRIMINELS

PAR

E. GARÇON

PROFESSEUR A LA FACULTÉ DE DROIT DE PARIS

COURS PROFESSÉ EN DÉCEMBRE 1902

(EXTRAIT DU *JOURNAL DES PARQUETS*)

PARIS

LIBRAIRIE NOUVELLE DE DROIT ET DE JURISPRUDENCE

ARTHUR ROUSSEAU, ÉDITEUR

14, RUE SOUFFLOT ET RUE TOULLIER, 13

1903